Ich liebe hochwertige Dekorationen, die passend zu den Jahreszeiten meine Wohnung schmücken. Zarte Schmetterlinge im Frühling, elegante Fische im Sommer, ein Waldkauz in kräftigen Herbstfarben oder eine Szenerie mit Hirschen und verschneiten Tannen im Winter – diese Motive fangen die Stimmung jeder Saison ein und bringen sie in mein Zuhause.

Das Rezept für die Ideen in diesem Buch ist ganz einfach. Sie brauchen lediglich Papierdraht, dekorative Papiere und ein paar Naturmaterialien. Und schon verwandeln sich die gezeichneten Vorlagen in wundervolle Dekorationen, die alles andere als gewöhnlich sind. Der Papierdraht verleiht den simplen Zuschnitten aus Papier eine raffinierte Kontur und macht sie zu wahren Augenweiden, die sich sehen lassen können.

Ich wünsche Ihnen viel Spaß beim Basteln und Dekorieren!

Susanne Pypke

Gänsemarsch
auf geht's zu neuen Abenteuern

MOTIVGRÖSSE
große Gans 10,5 cm hoch
kleine Gans 7,5 cm hoch

MATERIAL
* Papierdraht in Dunkelbraun, ø 2 mm, 65 cm (große Gans), 2 x 35 cm (kleine Gänse) und 3 x 25 cm lang (Beine)
* Scrapbookingpapier in Blau mit weißen Punkten, Braun mit blauen Blumen und in Weiß mit Blumenmuster
* Holzscheit, ø 5 cm
* Holzbohrer, ø 2mm

VORLAGEN
Bogen 1B

1 Schneiden Sie zunächst mithilfe der Biegeskizzen die Gänse aus dem Papier zu. Lesen Sie dazu auch die allgemeine Anleitung.

2 Für die kleinen Gänse nehmen Sie einen Papierdraht und legen ihn am Startpunkt an, sodass ein paar Zentimeter Draht überstehen. Mit dem anderen Ende der Biegeskizze folgen, bis Sie wieder am Start- bzw. am Endpunkt angelangt sind. Die Drahtenden ein paar Mal miteinander verdrillen und abschneiden.

3 Für die große Gans den Draht bündig am Startpunkt anlegen und dann wie gewohnt der Biegeskizze folgen. Am Endpunkt den Draht zwei- bis dreimal um den Anfangsdraht in Richtung Startpunkt wickeln und knapp abschneiden.

4 Drei Beinpaare für die Gänse mithilfe der Biegeskizze fertigen. Das Drahtende einmal um die „Ferse" und dann nach unten führen.

5 Alle Gänse mit den Papierteilen hinterkleben und die Kanten nach dem Trocknen noch einmal sauber nachschneiden (siehe allgemeine Anleitung).

6 Die Beine von hinten aufkleben, dann je Gans zwei Löcher in das Holzscheit bohren und die Gänse darin mit den Drahtenden der Füße und etwas Klebstoff befestigen.

FRÜHLINGSFRISCH

Niedliches Hasentrio

Verspielte Mummelmänner oder doch drei Osterhasen?

OSTERZEIT

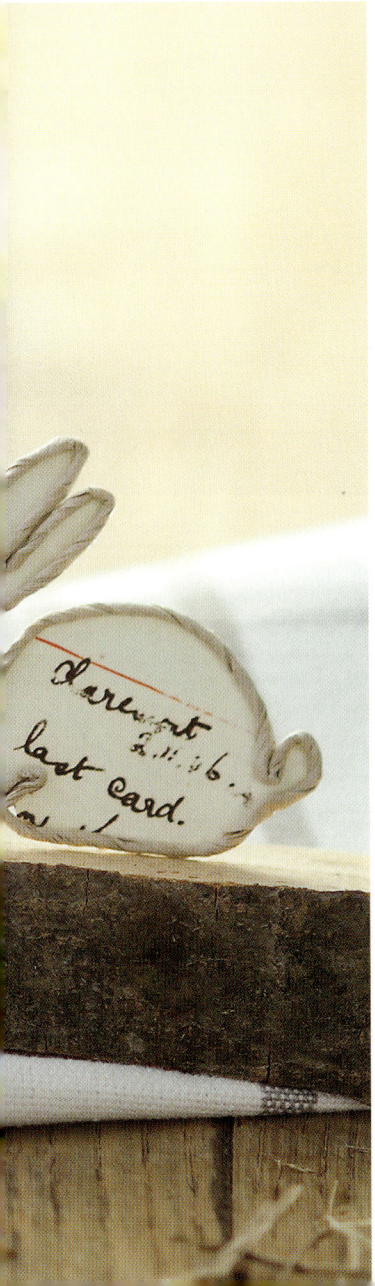

MOTIVGRÖSSE
sitzender Hase
ca. 9 cm hoch
liegender Hase
ca. 5,5 cm hoch

MATERIAL
* Papierdraht in Natur, ø 2 mm, 55 cm (sitzender Hase) und 2 x 50 cm lang (liegende Hasen)
* Vintage-Postkarten oder Scrapbookingpapier in Creme mit Vintage-Postkartenmotiven
* Holzscheit, ca. 6 cm breit, 1–3 cm dick, 28 cm lang
* Holzbohrer, ø 2mm

VORLAGEN
Bogen 2A

1 Schneiden Sie zunächst mithilfe der Papiervorlage die Hasen aus dem Papier zu. Lesen Sie dazu auch die allgemeine Anleitung.

2 Nehmen Sie einen Papierdraht und legen Sie ihn am Startpunkt der Biegeskizze an, sodass etwa 3 cm Draht überstehen. Dieses Stück wird später verwendet, um den Hasen im Holz zu befestigen.

3 Folgen Sie nun mit dem langen Ende des Papierdrahts der Biegeskizze und formen Sie den ersten Hasen, bis Sie wieder am Start- bzw. am Endpunkt angelangt sind.

4 Die Drahtenden ein paar Mal miteinander verdrillen, senkrecht nach unten biegen, sodass sie für die Befestigung verwendet werden können, und auf 1–2 cm Länge kürzen.

5 Die anderen Hasen ebenso fertigen. Dann alle Hasen mit den Papierteilen hinterkleben und die Kanten nach dem Trocknen noch einmal sauber nachschneiden (siehe allgemeine Anleitung).

6 Die Hasen probeweise auf dem Holzscheit positionieren, die Position der Befestigungsdrähte markieren und mit dem Holzbohrer die Löcher bohren. Die Hasen mit Klebstoff in den Bohrlöchern befestigen.

Vogelhochzeit
zwei Vögelchen in der Astschaukel

MOTIVGRÖSSE
ca. 15 cm x 15 cm

MATERIAL
* Papierdraht in Natur, ø 2 mm, 75 cm (Schaukel), 2 x 40 cm (Vögelchen), 7 x 10 cm lang (Blätter)
* doppelseitig bedrucktes Scrapbookingpapier in Hellblau mit Blumen/Vichycaro und in Hellblau mit Paisley und Blumen/Punkten
* Ast mit kleinen Zweigen, ø 5–7 mm, ca. 16 cm lang

VORLAGEN
Bogen 2B

1 Zunächst die Schaukel fertigen. Legen Sie den 75 cm langen Papierdraht dazu doppelt und verdrillen Sie die beiden Stränge miteinander. Dabei wie in der Biegevorlage eingezeichnet mittig eine Schlaufe für die Aufhängung einarbeiten.

2 Die Schaukel in Form biegen, die Enden um den Ast legen, verdrillen und anschneiden.

3 Die beiden Vögelchen aus den 40 cm langen Drahtstücken biegen. Beginnen und enden Sie dabei oberhalb der Beinchen und lassen Sie am Anfang mindestens 5 cm Draht stehen. Die Drahtenden ein paar Mal miteinander verdrillen, damit der Körper geschlossen wird und ein kurzes Bein entsteht.

4 Die Vögelchen mit den Papierteilen (mithilfe der Papiervorlage zuschneiden) hinterkleben. Die offenen Drahtenden der Beine um den Ast biegen, auf der Rückseite fest verdrillen und abschneiden.

5 Jetzt sitzen die Vögelchen in der Astschaukel. Probieren Sie aus, wie Sie die Beinchen biegen können, damit das Vogelpaar eine harmonische Position zueinander hat.

6 Zuletzt mithilfe der Vorlage ca. 7 Blätter zuschneiden. Mit den kurzen Drahtstücken die Blattadern und Zweige biegen und auf die Papierblätter kleben. Die Blätter wie abgebildet oder nach Wunsch mit Klebstoff am Ast und an der Schaukel anbringen.

FRÜHLING

Drehen Sie die Biegungen etwas auf, damit sich die Spirale auf den Schmetterling aufdrehen lässt. Schieben Sie die Spirale auf den Fühler und drehen Sie sie, sodass sie sich um die Drähte zwischen den Flügeln windet. Anschließend die Biegungen wieder schließen, sodass die Spirale eng anliegt.

Bunte Schmetterlinge

eine zarte Dekoration für Blumen und Pflanzen

MOTIVGRÖSSE
ca. 4,5–8 cm hoch (Flügel)

MATERIAL
* Papierdraht in Weiß, ø 2 mm, 60 cm und 20 cm lang (Schmetterling A), 55 cm und 20 cm lang (Schmetterling D), 42 cm und 16 cm lang (Schmetterling C), 40 cm und 16 cm lang (Schmetterling B)
* Motiv- und Scrapbooking-papier in Grün und Rosa gemustert
* 4 Schaschlikstäbchen, je 30 cm lang

VORLAGEN
Bogen 2A

1 Schneiden Sie zunächst mithilfe der Papiervorlagen die Flügel der Schmetterlinge aus dem Motiv- und Scrapbookingpapier zu. Beachten Sie dabei, dass jeweils ein Flügel seitenverkehrt gearbeitet wird.

2 Nehmen Sie den langen Draht und machen Sie nach 5 cm einen Knick. Aus diesem Stück wird später ein Fühler geformt. Legen Sie den Draht mit dem Knick am Startpunkt der Biegevorlage an und formen Sie den ersten Flügel.

3 Den Draht am Startpunkt einmal um den Knick herum führen, sodass er wieder nach unten zeigt. Den Flügel wenden, sodass er nun neben der Biegeskizze liegt und zusammen mit dieser einen ganzen Schmetterling bildet.

4 Für den zweiten Flügel in umgekehrter Richtung der Biegeskizze folgen, bis wieder der Startpunkt erreicht ist. Am Startpunkt einen Knick in den Draht machen, sodass das Ende im 90 Grad-Winkel nach unten zeigt. Hier wird später das Schaschlikstäbchen angebracht.

5 Den kurzen Draht so um ein Schaschlickstäbchen wickeln, dass am Anfang 5 cm Draht für den Fühler stehen bleibt. Die Spirale abziehen, etwas öffnen und mittig auf die Flügel aufdrehen (siehe oben). Die Spirale etwas in Form biegen, dann die Papierteile hinter die Flügel kleben.

6 Die Fühler in Form bringen, die Enden zurechtschneiden und nach hinten umknicken. Zuletzt das Schaschlikstäbchen anbringen, indem Sie den dafür vorgesehenen Draht eng um das stumpfe Ende wickeln und mit Klebstoff fixieren. Fertig ist der Blumenstecker.

FEDERLEICHT

Gartenglück
Schnecke unterm Glückskleeblatt

MOTIVGRÖSSE
ca. 13 cm x 12 cm

MATERIAL
* Papierdraht in Natur, ø 2 mm, 3 x 60 cm (Glückskleeblatt, Kleeblüte, Glockenblume), 40 cm (Schneckenhaus), 30 cm (Schnecke), 20 cm (Kleeblatt) und 10 cm lang (Fühler)
* Glitter-Scrapbookingpapier in Grün gemustert mit Kleeblättern
* Scrapbookingpapier in Rosa gemustert
* Scrapbookingpapier in Natur mit Schriftstücken
* Rindenstück, ca. 13 cm lang
* Holzbohrer, ø 2mm

VORLAGEN
Bogen 1B

1 Schneiden Sie mithilfe der Biegeskizzen und der Papiervorlagen die Papierteile zu. Lassen Sie dabei besonders an den einzelnen Teilen der Kleeblüte genug Papier stehen, da sich die kleinen Zacken nicht exakt mit dem Draht biegen lassen.

2 Den Körper, das Haus und die Fühler der Schnecke aus Draht biegen. Die Teile mit Papier hinterkleben und zusammenfügen.

3 Für die Kleeblätter den Draht am Startpunkt anlegen, sodass ca. 3 cm überstehen. Blatt für Blatt biegen und nach jedem Blatt den Draht einmal um die Mitte winden. Nach dem letzten Blatt beide Drahtenden auf der Rückseite verdrillen.

4 Formen Sie die Schlaufen (1–4) für die Kleeblüte und verdrehen Sie sie am Ansatz. Dann Reihe für Reihe die Blüte fertigen (5–7). Anschließend den Draht am Blütenansatz um den Stängel winden.

5 Für die Glockenblume den Draht in drei Schlaufen legen (1–3) und am Ansatz verdrehen. Weiter der Skizze folgen und das rechte Blatt (4) formen und am Ansatz verdrehen.

6 Am unteren Ende des Stängels den Draht doppelt legen und bis zum untersten linken Blatt (5) verdrillen. Das Blatt fertigen, dann den Draht weiter verdrillen und das zweite linke Blatt (6) fertigen.

7 Enden Sie mit der Blütenknospe (7) und winden Sie den Draht zum Abschluss um deren Stängel.

8 Die restlichen Papierteile wie abgebildet aufkleben, dann die einzelnen Teile probeweise auf dem Rindenstück anordnen, die Bohrlöcher markieren, bohren und die Motive mit Klebstoff in den Löchern befestigen.

Fröhliche Kindheit

Mädchen mit Roller und Herzluftballon

MOTIVGRÖSSE
ca. 10 cm x 10 cm

MATERIAL
* Papierdraht in Weiß, ø 2 mm, 50 cm (Mädchen), 40 cm (Roller), 35 cm (Herz), 25 cm (Beine), 2 x 20 cm (Arme und Lenker) und 10 cm lang (Zusatzdraht Zopf)
* Motivpapier in Blau-Weiß kariert, Blau-Weiß gepunktet und Rot-Weiß gepunktet
* Holzscheit, ca. 5 cm breit, 1 cm hoch, 15 cm lang
* Holzbohrer, ø 2mm

VORLAGEN
Bogen 1B

1 Für den Herzluftballon der Nummerierung der Biegeskizze folgen. An der Herzspitze die Drähte überkreuzen und das kleine Dreieck formen. Das Drahtende um den Kreuzungspunkt winden und knapp abschneiden.

2 Für den Roller zuerst das hintere Rad formen, bis sich der Draht am Startpunkt wieder kreuzt. Den Draht einmal verdrillen und das kurze Ende knapp abschneiden. Das Schutzblech formen, den Draht einmal um das Rad herum biegen, dann weiter der Biegeskizze zum Vorderrad folgen. Zum Schluss den Draht um das vordere Ende des Schutzblechs winden und knapp abschneiden.

3 Den Lenker mithilfe der Biegeskizze anfertigen und etwas plastisch in Form biegen.

4 Für das Mädchen den Draht am Startpunkt etwa 10 cm überstehen lassen. Zunächst den Körper, dann den Kopf formen. Dabei am Kreuzungspunkt die beiden Drähte einmal miteinander verdrillen.

5 Für den Zopf am Hinterkopf beide Drahtenden und den Zusatzdraht flechten. Die Drahtenden miteinander verdrillen und abschneiden. Den zusätzlichen Draht am Kopf hinter den Zopf biegen und mit Klebstoff fixieren. Einen Drahtrest zur Schleife legen und aufkleben.

6 Die Arme und Beine mithilfe der Biegeskizze formen. Die Drahtenden einmal um den Kreuzungspunkt der Füße bzw. Hände führen, dann am abgewinkelten Bein und an den Händen das Drahtende knapp abschneiden.

7 Schneiden Sie mithilfe der Papiervorlage die Papierteile zu und hinterkleben Sie die Drahtformen damit. Mittig in das Vorderrad des Rollers ein Loch stechen, den Lenker durchführen und das abgewinkelte Drahtende auf der Rückseite festkleben.

8 Nun alle Einzelteile zusammenkleben. Dabei die Position des Mädchens auf dem Roller prüfen, damit es richtig steht. Zuletzt das Mädchen in einem Bohrloch mit Klebstoff auf dem Holzscheit fixieren.

FRÖHLICH

VERLIEBT

Hand in Hand

verliebt, verlobt, verheiratet

MOTIVGRÖSSE
ca. 14 cm x 7 cm

MATERIAL
* Papierdraht in Weiß, ø 2 mm, 80 cm (Paar) und 2 x 25 cm lang (Beine)
* Papierdraht in Braun, ø 2 mm, 35 cm lang (Herzluftballon)
* Scrapbookingpapier in Braun mit rosa Punkten, Rosa gestreift und Pink mit weißem Muster
* Astscheibe, ø 7 cm, 2 cm stark
* Holzbohrer, ø 2mm

VORLAGEN
Bogen 2A

1 Schneiden Sie zunächst mithilfe der Biegeskizzen und der Papiervorlage die Papierteile zu. Dabei ringsum etwa 2 mm zugeben. Die Rüschen am Saum des Kleides jedoch exakt ausschneiden.

2 Den Draht für das Paar am Startpunkt anlegen. Eine Schlaufe für die Hand des Mädchens biegen und den überstehenden Anfangsdraht einmal um den Kreuzungspunkt wickeln. Knapp abschneiden.

3 Das lange Ende weiter entlang der Biegeskizze formen. Beachten Sie dabei die Nummerierung. Bevor Sie den zweiten Arm fertigen, den Draht einmal um den Hals herum biegen. Den Jungen ebenso fertigen. Den überstehenden Draht abschneiden und aus dem Rest eine kleine Hosentasche formen.

4 Nun noch den Herzluftballon und die Beine mithilfe der Biegeskizze fertigen, dann die Motive mit den Papierteilen hinterkleben und mit Klebstoff zusammenfügen. In die Astscheibe kleine Löcher bohren und das Paar mit den an den Füßen überstehenden Drahtenden darin festkleben.

> **Mein Tipp für Sie**
>
> **Motiv variieren** Für ein Brautpaar können Sie dem Jungen noch einen Zylinder und dem Mädchen einen Tüllschleier mit Satinschleife aufsetzen. Oder wie wäre es mit einem Glückskleeblatt anstelle des Herzluftballons? Das Motiv macht sich übrigens auch schön auf einer selbst gefertigten Karte oder – wenn Sie es doppelt arbeiten (einmal seitenverkehrt) und anschließend Rücken an Rücken zusammenkleben – als Topper auf der Hochzeitstorte.

Muntere Fischlein

maritime Dekoration

MOTIVGRÖSSE
Fische ca. 10 und 14 cm lang

MATERIAL
* Papierdraht in Weiß, ø 2 mm, 2 x 100 cm (Fische) und 70 cm lang (Verzierungen)
* Scrapbookingpapier in Creme mit Vintage-Motiven, z.B. Landkarte oder nautische Motive
* 2 Schaschlikstäbchen
* 2 Astscheiben, ø 6–7 cm, 2 cm stark
* Holzbohrer, ø 6 mm

VORLAGEN
Bogen 2A

1 Schneiden Sie zunächst mithilfe der Biegeskizze die Fische aus dem Papier zu. Den Einschnitt am Kopf können Sie dabei jeweils auslassen.

2 Nehmen Sie einen Papierdraht und legen Sie ihn am Startpunkt an, sodass ein paar Zentimeter Draht überstehen.

3 Folgen Sie nun mit dem langen Ende der Biegeskizze und formen Sie den Fisch, bis Sie wieder am Start- bzw. am Endpunkt angelangt sind.

4 Die Drahtenden ein paar Mal miteinander verdrillen, senkrecht nach unten biegen, sodass sie für die Befestigung verwendet werden können, und das kurze Ende bündig abschneiden.

5 Den zweiten Fisch ebenso fertigen, dann beide Fische mit den Papierteilen hinterkleben. Für die Innenlinien und die Augen Drahtreste auf die entsprechende Länge schneiden, ggf. etwas in Form biegen und aufkleben.

6 Den Draht um das Schaschlikstäbchen winden, die Spiralen etwas auseinanderziehen und zusammen mit dem Schaschlikstäbchen in der Astscheibe befestigen. Das Schaschlikstäbchen hierfür auf die gewünschte Länge kürzen und oben mit Klebstoff am Papierdraht fixieren.

MARITIM

Ein Herz und eine Seele

verliebte Flamingos

MOTIVGRÖSSE
ca. 16,5 cm hoch

MATERIAL
- Papierdraht in Weiß, ø 2 mm, 2 x 80 cm lang
- Scrapbookingpapier in Braun-Rosa-Weinrot mit Schrift und in Rosa schattiert
- halbierte Astscheibe, ca. ø 10 cm
- Holzbohrer, ø 2mm

VORLAGEN
Bogen 1A

1 Schneiden Sie zunächst mithilfe der Papiervorlage die Körper und die Köpfe der Flamingos aus dem Scrapbookingpapier zu. Beachten Sie dabei, dass ein Flamingo seitenverkehrt gearbeitet wird.

2 Legen Sie die Enden eines Papierdrahts doppelt und verdrillen Sie sie einmal. Legen Sie die Drahtenden mit dem Kreuzungspunkt am Startpunkt der Biegeskizze an und formen Sie den Kopf des ersten Flamingos. Dann beide Drahtenden am Halsansatz wieder zusammennehmen und miteinander verdrillen.

3 Den Draht so lange weiter verdrillen, bis Sie am Körper angelangt sind, und gleichzeitig für den Hals in Form biegen.

4 Die Drahtenden nun wieder aufteilen und den Körper formen. Dazu ein Drahtende nach oben, das andere nach unten führen. Am Beinansatz treffen beide Drähte wieder aufeinander. Die Drähte miteinander verdrillen und dabei das lange, leicht gebogene Bein formen. Den Körper und den Kopf mit den Papierteilen hinterkleben.

5 Den zweiten Flamingo ebenso, jedoch spiegelverkehrt arbeiten. Dann in die aufgestellte Astscheibe zwei Löcher bohren und die Flamingos mit Klebstoff darin befestigen. Nach Bedarf die Drähte der Beine entsprechend kürzen.

6 Zuletzt die beiden Flamingos an den Schnäbeln miteinander verbinden, indem Sie die Drahtenden dicht an den Schnabelspitzen umeinander herum zur Rückseite biegen und dort ggf. zusätzlich mit Klebstoff fixieren.

VERLIEBT

Kleine Glücksbringer

Muffinpieker, Flaschendeko und Co.

MOTIVGRÖSSE
Herz ca. 3 cm hoch
Pilz ca. 4 cm hoch
Kleeblatt ca. ø 3 cm
Stern ca. ø 4 cm

MATERIAL
* Papierdraht in Weiß, Braun oder Rot, ø 2 mm, 20 cm (Herz und Sterne), 30 cm (Pilz) oder 35 cm lang (Kleeblatt)
* Scrapbookingpapierreste in Rosa, Rot, Braun und Pink gemustert
* Schaschlikstäbchen oder Flaschenkorken
* ggf. Holzbohrer, ø 4 mm

VORLAGEN
Bogen 1A

1 Schneiden Sie zunächst mithilfe der Biegeskizzen oder Papiervorlage die Motive aus dem Papier zu. Lesen Sie dazu auch die allgemeine Anleitung.

2 Nehmen Sie einen Papierdraht und legen Sie ihn am Startpunkt an, sodass ein paar Zentimeter Draht überstehen.

3 Folgen Sie nun mit dem langen Ende des Papierdrahts der Biegeskizze und formen Sie das gewünschte Motiv. Beachten Sie dabei auch die Nummerierung beim Pilz und beim Kleeblatt.

4 Beim Herzen den Anfangs- und Enddraht einfach miteinander verdrillen und auf die gewünschte Länge schneiden.

5 Beim Pilz zunächst den Hut fertigen, dann den Fuß. Den Anfang und das Ende des Drahts jeweils um den Mittelteil des Hutes winden und knapp auf der Rückseite abschneiden.

6 Für den Stern den Draht in fünf gleichmäßige Zacken legen, zur Runde schließen und Anfang und Ende miteinander verdrillen. Die Zacken gleichmäßig in Form biegen.

7 Beim Kleeblatt nacheinander die vier Blätter biegen. Anfang und Ende des Drahts liegen dabei immer unten. Das Ende einmal nach oben um die Mitte winden und mit dem Anfangsdraht verdrillen.

8 Die Motive mit den Papierteilen hinterkleben und nach Wunsch auf einem Schaschlikstäbchen oder einem Flaschenkorken anbringen.

GLÜCKSBRINGER

Herbstlicher Waldkauz
mit Fundstücken aus Wald und Wiese

MOTIVGRÖSSE
ca. 14 cm hoch

MATERIAL
* Papierdraht in Braun, ø 2 mm, 35 cm (Körper), 2 x 30 cm (Schwanz und Füße) und 2 x 15 cm lang (Flügel)
* Papierdraht in Natur ø 2 mm, 23 cm lang (Gesicht)
* 3 Motivpapiere in Braun mit Muster in Orange, Rosa und Gold
* bemooster Ast, ca. 25 cm lang
* 2 Eichelhütchen, ø 1,5 cm
* Buchecker mit Schale
* ggf. Acrylfarbe in Weiß und Pinsel

VORLAGEN
Bogen 1B

1 Schneiden Sie mithilfe der Biegeskizze die Papierteile zu. Lesen Sie dazu auch die allgemeine Anleitung.

2 Biegen Sie dann mit dem Papierdraht die einzelnen Teile der Eule. Die Drahtenden jeweils verdrillen bzw. umeinander winden und knapp abschneiden.

3 Beim Gesicht das Ende dreimal um den Kreuzungspunkt in der Mitte winden, sodass die beiden Gesichtshälften fest miteinander verbunden werden.

4 Die einzelnen Teile mit dem Papier hinterkleben. Das Gesicht und die Flügel auf dem Körper fixieren, dann die Eichelhütchen, die Buchecker und zwei Zacken der Bucheckernschale als Augen, Schnabel und Ohren ankleben.

5 Den Draht für die Beine nehmen, ein Ende dreimal an der gewünschten Position um den bemoosten Ast winden, wie in der Biegeskizze gezeigt eine Schlaufe nach oben legen, dann das andere Ende ebenfalls dreimal um den Ast winden.

6 Den Waldkauz von vorn auf die Beindrähte kleben. Den Schwanz von hinten anbringen. Nach Wunsch kleine weiße Punkte auf die Augen malen.

HERBSTLICH

Zarte Eiskristalle
dekorative Anhänger

MOTIVGRÖSSE
ca. ø 8–11 cm

MATERIAL
* Papierdraht in Weiß, ø 2 mm, 1,40 m (großer Eiskristall A), 90 cm (schmaler Eiskristall C) und 70 cm lang (eckiger Eiskristall B)
* Transparentpapier in Weiß mit Noten, mit Sternen und mit Eiskristallen
* Stick- oder festes Nähgarn
* dünne Nähnadel

VORLAGEN
Bogen 1A

1 Schneiden Sie zunächst mithilfe der Papiervorlagen die Papierteile der Eiskristalle aus. Geben Sie dabei rundum ruhig etwas mehr Papier zu, da sich hier der Draht oftmals nicht ganz exakt biegen lässt.

2 Nehmen Sie den Draht und legen Sie ihn so am Startpunkt der Biegeskizze an, dass am Ende etwa 3–5 cm überstehen. Mit dem langen Ende einmal der Skizze folgen und den ersten „Arm" fertigen. Mit einem Knick den „Arm" abschließen.

3 Den Draht mit dem Knick wieder am Startpunkt anlegen und den zweiten „Arm" ebenso fertigen. Dann den dritten bis sechsten Arm biegen. Zuletzt wieder mit einem Knick enden.

4 Anfang und Ende deckungsgleich übereinanderlegen, sodass sich der Eiskristall zum Kreis schließt. Dann einen Draht um den anderen winden und beide Enden auf der Rückseite knapp abschneiden.

5 Die Drahtkristalle mit den Papierteilen hinterkleben und die Konturen sauber nachschneiden. Zuletzt den Faden mit einer feinen Nadel durch eine Spitze fädeln und verknoten, sodass ein Aufhänger entsteht.

> **Mein Tipp für Sie**
>
> **Formen variieren** Das Prinzip der Eiskristalle ist ganz einfach: Um einen Mittelpunkt herum ordnen sich in gleichmäßigen Abständen sechs „Arme" an. Sie können also ganz einfach eigene Kreationen entwerfen, indem Sie sich neue Formen für die „Arme" ausdenken. Der Fantasie sind keine Grenzen gesetzt – bedenken Sie aber, dass aufwändige Formen sehr viel Zeit und Geduld beim Biegen erfordern.

Weihnachtlicher Winterwald

Adventskranz mal anders

MOTIVGRÖSSE
Tannen ca. 10 –19,5 cm hoch
Hirsch ca. 9,5 cm hoch

MATERIAL
* Papierdraht in Dunkelbraun, ø 2 mm, 90 cm (Hirsch), 70 cm (Hirschkuh) und 50 cm lang (Kits)
* Papierdraht in Weiß, ø 2 mm, 90 cm, 70 cm und 50 cm lang
* Scrapbookingpapier in Weiß mit Eiskristallen, Rückseite in Braun mit Eiskristallen
* Scrapbookingpapier in Weiß mit Glockenmotiv, Rückseite in Braun mit Eiskristallen
* PappArt-Kerzenhalter mit 4 Sternen in Halbrund, 48,5 cm x 22 cm x 2,5 cm
* Acrylfarbe in Braun und Weiß
* Pinsel
* Schere oder Nagel
* 4 XXL-Teelichter

VORLAGEN
Bogen 2B

1 Bemalen Sie zunächst den Kerzenhalter mit der Acrylfarbe und lassen Sie ihn gut trocknen.

2 Schneiden Sie dann mithilfe der Biegeskizzen die Papierteile zu. Lassen Sie dabei besonders am Geweih und an den vielen kleinen Kurven der Tannen genug Papier stehen, da sich diese Stellen nicht immer exakt biegen lassen.

3 Fertigen Sie mit dem weißem Papierdraht die drei Tannen. Das untere Ende am Stamm bleibt jeweils offen. Hinterkleben Sie die Tannen mit dem Papier und schneiden Sie die Konturen sauber nach.

4 Mit dem braunen Papierdraht den Hirsch, die Hirschkuh und das Kits fertigen. Beachten Sie, dass beim Hirsch und bei der Hirschkuh am Hinter- und Vorderbein ein Standdraht für die Befestigung gearbeitet wird. Die Drahtenden miteinander verdrillen und senkrecht nach unten biegen.

5 Den Hirsch, die Hirschkuh und das Kits mit den Papierteilen hinterkleben und die Kontur sauber nachschneiden.

6 Die Motive probeweise auf dem Kerzenhalter positionieren, die Position der Befestigungsdrähte markieren und mit einem spitzen Gegenstand (z.B. Schere oder Nagel) vorstechen. Die Motive mit Klebstoff in den Löchern befestigen und die Kerzen in die Aluschälchen stellen.

WINTERLICH

WEIHNACHTLICH

Heilige Drei Könige

unterwegs nach Bethlehem

MOTIVGRÖSSE
ca. 13,5 cm x 12 cm

MATERIAL
* Papierdraht in Rot, ø 2 mm, 36 cm, 34 cm und 32 cm lang
* Papierdraht in Natur, ø 2 mm, 34 cm und 3 x 12 cm lang
* 3 Scrapbookingpapiere in Rot-Natur gemustert, beidseitig bedruckt
* Rindenstück, ca. 20 cm lang
* Holzbohrer, ø 2mm

VORLAGEN
Bogen 1A

1 Schneiden Sie zunächst mithilfe der Biegeskizzen die Papierteile zu. Lesen Sie dazu auch die allgemeine Anleitung.

2 Biegen Sie nun die Könige. Legen Sie dazu jeweils ein rotes Drahtstück wie angegeben am Startpunkt an und folgen Sie der Biegeskizze bis zum Hals. Formen Sie den Kopf mit der Krone. Dann das lose Drahtende einmal um den Hals führen und den restlichen Körper fertigen.

3 Für die Befestigung im Holz die beiden Enden senkrecht nach unten führen und miteinander verdrillen.

4 Für die Stäbe die drei naturfarbenen Drahtstücke an einem Ende eindrehen und anschließend auf die jeweilige Länge schneiden.

5 Für den Stern den Draht an einem Ende in fünf gleichmäßig große Zacken legen (wie bei einer Ziehharmonika). Dabei am Anfang ein kurzes Stück überstehen lassen. Die Zacken zum Kreis schließen, das kurze Drahtende um den Sternenstab winden und knapp abschneiden. Dann die Zacken öffnen und gleichmäßig ausrichten, sodass ein Stern entsteht.

6 Die Motive mit dem Papier hinterkleben, die Stäbe mit Klebstoff anbringen und die Könige sowie den Stern in vorgebohrten Löchern in dem Rindenstück befestigen.

Weihnachtsmusik

drei Engel mit Cello, Flöte und Laute

MOTIVGRÖSSE
stehende Engel
ca. 11 cm hoch

MATERIAL
- Papierdraht in Gold, ø 2 mm,
  3 x 50 cm (Engel),
  3 x 45 cm (Flügel),
  3 x 25 cm lang (Beine) sowie
  66 cm (Cello),
  34 cm (Laute),
  20 cm lang (Flöte)
- Acrylfarbe in Gold
- 4 Motivpapiere in Creme-Gold gemustert
- 3 Aststücke,
  ø 3,5–5 cm,
  2 x 2 cm hoch,
  1 x 3,5 cm hoch
- Holzbohrer, ø 2mm

VORLAGEN
Bogen 1A

1 Biegen Sie die Engel, bis der Kopf (1) und der Körper (2) geformt sind. Anschließend den Kopf einmal am Hals verdrehen, damit die Drähte fixiert werden.

2 Nach 5 cm an beiden Endstücken (Arme) eine Schlaufe (3) für die Hände biegen. Die Beine und Füße mit einem separaten Drahtstück fertigen.

3 Bei den Flügeln zunächst den linken Flügel formen, den Draht einmal um den Startpunkt herum führen, dann den zweiten Flügel gegengleich formen. Dazu der Skizze in umgekehrter Richtung folgen. Am Start- bzw. Endpunkt die Drahtenden verdrillen und abschneiden.

4 Die einzelnen Teile der Musikinstrumente fertigen und ggf. zusammenfügen. Beim Cello den Steg unten einmal verdrehen. Bei der Laute den zusätzlichen Draht mittig zwischen den Steg kleben. Oben das überstehende Ende nach hinten umbiegen.

5 Die Papierteile mithilfe der Biegeskizzen zuschneiden und die Engel und die Instrumente damit hinterkleben. Alle Teile wie abgebildet mit Klebstoff zusammenfügen. Beachten Sie dabei genau die Haltung der Arme.

6 Die stehenden Engel mit den Drahtenden der Füße mit Klebstoff in den Astscheiben befestigen. Den sitzenden Engel in der Körpermitte zweimal knicken. Die Drähte an den Füßen knapp abschneiden und den Engel mit Klebstoff auf dem längeren Ast anbringen.

> **Mein Tipp für Sie**
>
> **Goldfarbener Papierdraht** Sie können ganz einfach naturfarbenen oder weißen Papierdraht einfärben. Biegen Sie zunächst die Figuren und bemalen Sie den Draht anschließend (vor dem Hinterkleben mit den Papierteilen!) mit Acryl- oder Wasserfarbe.

HIMMLISCH

Susanne Pypke ist Diplom-Journalistin, freie Lektorin und Bloggerin (fraeuleinfloh.blogspot.de). Schon in frühen Kindertagen hat sie ihre Leidenschaft für das Selbermachen entdeckt. Nichts war schöner, als an Regentagen mit ihrer Schwester zu basteln, heimlich in Mamas Nähkorb zu kramen oder allerlei Gerätschaften in Papas Werkstatt auszuprobieren. Bis heute ist die Freude am Selbermachen geblieben. Wann immer Arbeit und Familie ihr etwas Freiraum lassen, nutzt sie die Zeit für eigene Do-it-yourself-Projekte.

DANKE!

Ich danke den Firmen Rayher Hobby in Laupheim, Efco in Rohrbach und Ludwig Bähr in Kassel für die freundliche Unterstützung mit Materialien. Außerdem ein großes Dankeschön an Justus und Tevhit für ihre Geduld und ehrliche Kritik.

TOPP – Unsere Servicegarantie

WIR SIND FÜR SIE DA! Bei Fragen zu unserem umfangreichen Programm oder Anregungen freuen wir uns über Ihren Anruf oder Ihre Post. Loben Sie uns, aber scheuen Sie sich auch nicht, Ihre Kritik mitzuteilen – sie hilft uns, ständig besser zu werden.

Bei Fragen zu einzelnen Materialien oder Techniken wenden Sie sich bitte an unseren Kreativservice, Frau Erika Noll.
mail@kreativ-service.info
Telefon 0 50 52 / 91 18 58

Das Produktmanagement erreichen Sie unter:
pm@frechverlag.de
oder:
frechverlag
Produktmanagement
Turbinenstraße 7
70499 Stuttgart
Telefon 07 11 / 8 30 86 68

LERNEN SIE UNS BESSER KENNEN! Fragen Sie Ihren Hobbyfach- oder Buchhändler nach unserem kostenlosen Magazin **Meine kreative Welt**. Darin entdecken Sie dreimal im Jahr die neuesten Kreativtrends und interessantesten Buchneuheiten.

Oder besuchen Sie uns im Internet! Unter **www.topp-kreativ.de** können Sie sich über unser umfangreiches Buchprogramm informieren, unsere Autoren kennenlernen sowie aktuelle Highlights und neue Kreativtechniken entdecken, kurz – die ganze Welt der Kreativität.

Kreativ immer up to date sind Sie mit unserem monatlichen **Newsletter** mit den aktuellsten News aus dem frechverlag, Gratis-Bastelanleitungen und attraktiven Gewinnspielen.

IMPRESSUM

FOTOS: frechverlag GmbH, 70499 Stuttgart; Susanne Pypke (alle Arbeitsschrittbilder); lichtpunkt, Michael Ruder, Stuttgart (alle übrigen)
PRODUKTMANAGEMENT UND LEKTORAT: Madeleine Fritz, Tina Herud
GESTALTUNG: Atelier Schwab, Haselund
DRUCK: Sachsendruck GmbH Plauen, Plauen

Materialangaben und Arbeitshinweise in diesem Buch wurden von der Autorin und den Mitarbeitern des Verlags sorgfältig geprüft. Eine Garantie wird jedoch nicht übernommen. Autorin und Verlag können für eventuell auftretende Fehler oder Schäden nicht haftbar gemacht werden. Das Werk und die darin gezeigten Modelle sind urheberrechtlich geschützt. Die Vervielfältigung und Verbreitung ist, außer für private, nicht kommerzielle Zwecke, untersagt und wird zivil- und strafrechtlich verfolgt. Dies gilt insbesondere für eine Verbreitung des Werkes durch Fotokopien, Film, Funk und Fernsehen, elektronische Medien und Internet sowie für eine gewerbliche Nutzung der gezeigten Modelle. Bei Verwendung im Unterricht und in Kursen ist auf dieses Buch hinzuweisen.

1. Auflage 2015

© 2015 **frechverlag** GmbH, 70499 Stuttgart

ISBN 978-3-7724-4155-4 • Best.-Nr. 4155   PRINTED IN GERMANY